AF602864

SUR
LA VÉRITABLE RICHESSE DES ÉTATS, LA BALANCE DU COMMERCE ET CELLE DU POUVOIR.

Dissertation, qui a été lue dans l'assemblée publique de l'Académie des Sciences & des Belles-Lettres à Berlin, le 26. de Janvier 1786. pour le jour anniversaire du Roi.

PAR

M. DE HERTZBERG,

Ministre d'État & Membre de l'Académie.

Tout bon Gouvernement, même le monarchique, ne perdra jamais rien, mais gagnera plutôt, à mon avis, à traiter ses affaires avec une sage publicité. Le secret absolu, ou celui qui est masqué par une publicité imparfaite ou affectée, ne peut convenir qu'aux Aristocrates, qui existent non seulement dans les Aristocraties & les Démocraties, mais qui s'efforcent aussi de figurer dans les monarchies, & qui dans les trois sortes de Gouvernemens sont toujours les plus rigoureux & les plus dangereux pour la liberté & la félicité générale de leurs concitoyens ainsi que le prouve l'expérience des tems an-

ciens & modernes. Ce même ſecret abſolu ne paroit néceſſaire dans la monarchie qu'à ceux, qui n'étant jamais ſûrs ni de la juſteſſe, ni de la juſtice de leurs meſures, redoutent naturellement toute publicité, & trouvent des ſecrets d'État par tout, où il n'en exiſte pas. Si au contraire un Souverain, qui a des vues grandes, élevées & pures pour le bien public, expoſe de tems en tems, ſelon l'exigence des cas & des occaſions, par des déclarations, par des édits, ou par des harangues, ou déliberations dans les aſſemblées du conſeil ou de la nation, les meſures de ſon adminiſtration interne & externe avec leurs cauſes & leur but, il mettra en oeuvre le moyen le plus propre pour s'aſſurer la confiance & le ſuffrage non indifférent tant de ſes ſujets que des nations voiſines, qui, du moins en Europe, vivent dans une ſorte de ſociété & de République générale; il donnera aux uns & aux autres une conviction très utile de la ſageſſe, de la juſtice, & de l'énergie de ſes meſures, & il ſe mettra par là en garde contre ſes propres erreurs & contre les illuſions, dont tout homme n'eſt que trop ſuſceptible, quand il ne rend compte de ſes actions qu'à lui même. Il ne trahira pas ainſi les véritables ſecrets de l'État, dont le nombre eſt très petit, & qui d'ailleurs n'échappent pas longtems à la ſagacité & à la vigilance d'un Miniſtre pénétrant, qui ſert l'État voiſin. C'eſt par ces raiſons, que je regarde comme un des grands avantages de la Conſtitution Britannique, que le Roi d'Angleterre expoſe à la nation, à chaque ouverture du Parlement, l'état des affaires publiques & particulières du royaume & lui demande ſon ſuffrage. Le plus important service, qu'un Ministre de France aít jamais rendu à sa nation & à son Roi, c'est, selon moi, celui par lequel le sage & vertueux Financier *Necker* a fini son ministère, en rendant dans ses écrits connus un compte public de sa gestion. Par ce moyen il a éclairé sur sa véritable situation un Gouvernement, qui peut-être ne se connoissoit pas assez lui-même.

C'est par des principes & des motifs semblables que j'ai communiqué depuis quelques années à cette illustre Académie dans les assemblées publiques, qu'elle consacre ordinairement à solemniser la mémoire de l'anniversaire du Roi, une partie des grandes & bonnes opérations publiques, que S. M. a faites, pendant le cours de l'année précédente, & surtout les dons & les bienfaits extraordinaires, dont Elle a comblé ses sujets dans le cours de chaque année, tant pour soulager & soutenir les malheureux, que pour avancer & encourager l'agriculture, les fabrications, le commerce, & en général toutes les branches de l'industrie nationale. J'ai tâché de remplir cet objet dans la dissertation que j'ai lue ici l'année passée *sur la population des États Prussiens*, en faisant voir, par quels moyens le Roi a triplé pendant son règne la population de Ses Etats, & l'a poussée à un degré, dont aucune autre nation n'a pû se glorifier jusqu'ici. Je continuerai à traiter aujourd'hui cette manière intéressante pour la Prusse & pour l'Europe entière, & je tâcherai de faire voir dans un exposé succinct, que la grande population donnée par le Roi à ses Etats, est fondée, & que sa progression continuelle est assurée sur les bases les plus solides, & sur les véritables richesses d'une nation: *l'agriculture*, *l'industrie nationale* & *la balance du commerce*, avantages qui ne manquent pas de mener par une ſuite naturelle à la *balance du pouvoir*. Je ne m'appeſantirai pas ici ſur ces grands principes de la félicité des nations & des gouvernemens, que tous ceux, qui veulent s'en pénétrer, trouveront aſſez détaillés dans les ouvrages célèbres & connus de *Monteſquieu*, de *Hume*, de *Stewart*, de *Veri* & d'autres, ſurtout dans l'ouvrage profond & claſſique de l'Anglois *Smith* ſur la *nature* & *les cauſes de la richeſſe des nations*. Je me contenterai, d'indiquer ces principes & d'en faire une application concentrée à notre État Pruſſien.

La véritable *puiſſance* d'un État conſiſte ſûrement dans une *population* grande & proportionnée à l'étendue de ſon territoire, & qui eſt dirigée par un ſage gouvernement d'une manière propre à procurer à ſes habitans la ſureté & la ſubſiſtance néceſſaire, ainſi que toute autre proſpérité déſirable, comme j'en ai déduit les principes dans la Diſſertation que j'ai lue ici au même jour de l'année 1782. *ſur la force rélative des États*. La *proſpérité*, le *bonheur*, ou, ſi l'on veut, la *richeſſe* d'une nation conſiſte indubitablement dans la multitude, la quantité & la bonne qualité des moyens, par lesquels cette nation peut ſe procurer d'abord les néceſſités & enſuite les commodités, ou les aiſances de la vie. Comme le bled & les grains de toutes ſortes procurent la ſubſiſtance & la nourriture la plus ſûre & la plus générale à des nations nombreuſes (la pêche ne pouvant la fournir qu'à de petites peuplades) *l'agriculture* eſt inconteſtablement la ſource & la baſe aſſurée de la ſubſiſtance des grandes ſociétés ou nations. C'eſt elle, qui produit le bled & les grains de toute eſpèce néceſſaires pour la nourriture des hommes & des animaux, ainſi que le vin, la bière, l'huile, le tabac, & même le bois. C'eſt elle, qui produit le lin, le chanvre, la laine, la ſoye & ainſi presque tout ce qui eſt néceſſaire pour le vêtement & pour les autres commodités de la vie; elle fournit les principaux matériaux pour les fabriques, pour le commerce & pour la navigation. Par ces moyens & par l'échange du ſuperflu des productions naturelles & artificielles, elle procure auſſi aux nations, qui n'ont point de mines d'or & d'argent, ces métaux, qui n'ont point de prix intrinſéque & réel, mais qui par leur uſage commode l'ont obtenu & ſont reçûs chez toutes les nations policées comme ſignes repréſentatifs de la richeſſe réelle & ont pris la place de celle-ci. L'agriculture nourrit non ſeulement les cultivateurs de la terre, mais auſſi tous les autres citoyens, qui ne s'occupent pas de cette culture, tels que ceux qui ſervent l'État dans l'adminiſtration militaire & civile, les ſçavans, les fabriquans, les commerçans, les pêcheurs & les navigateurs, & même les exploiteurs des mines. *L'agriculture* étant ainſi la première & la principale baſe de la proſpérité de tout État & de toute nation, ce principe a tellement prévalu en France pendan quelque tems, qu'une certaine claſſe de ſçavans agronomes, à laquelle on a donné le nom ſuperbe *d'économiſtes* ou de *Phyſiocrates*, peut-être plus habiles en théorie qu'en pratique, s'eſt efforcée d'attribuer par ſes écrits à la *culture rurale* la principale & presque unique faveur du gouvernement, ſurtout pour une exportation des grains abſolument libre, mais en voulant la faire charger aussi presque exclusivement du fardeau des taxes publiques. On n'a pourtant pas tardé à reconnoître par l'expérience & par une discussion plus mûre, qu'il ne faut pas pousser trop loin ce principe, & qu'un gouvernement sage doit donner la même attention à *l'industrie nationale,* sans cependant lui accorder une exemtion générale des charges publiques. Celle-ci est sans contredit la seconde base de la prospérité d'un Etat, parceque c'est elle, qui met en plus grande valeur ses productions territoriales & naturelles, ainsi que le travail & l'habileté de ses habitans avec un profit généralement plus grand pour ceux qui s'en occupent, que celui que peuvent faire les cultivateurs de la terre. C'est ce travail, comme Mr. *Smith* l'a admirablement bien prouvé dans l'ouvrage cité, qui fait la véritable mesure universelle & exacte de la valeur de toutes les marchandises & richesses, & l'argent n'y sert que de moyen & d'instrument pour l'échange du travail; car comme toutes les productions naturelles & artificielles ne sont que le produit du travail, que chaque membre individuel d'une societé fait pour se nourrir soi-même & pour communiquer son superflu par échange à ses concitoyens, & que la nation communique ensuite également par échange à une autre nation; il résulte de toutes ces prémisses, que *le travail des individus,* ou *l'industrie nationale,* fait la base secondaire de la prospérité des nations, & elle peut même dans certaines occasions suppléer à la base principale, l'agriculture. C'est ainsi que la nation Françoise avec une agriculture souvent insuffisante pour elle, a rendu presque toutes les nations de l'Europe ses tributaires, pendant plus d'un ſiècle, par ſes fabriques, ſes manufactures & ſes modes ingénieuſes. La nation Hollandoiſe avec un ſol ingrat & étroit, qui ne lui fournit qu'une petite partie de ſa propre conſommation, a fait pendant longtems le commerce & la navigation d'une grande partie de l'Europe, & en profitant de l'indolence & de l'ignorance des autres nations, elle leur a fourni presque tous les beſoins & toutes les commodités qui leur manquoient, & que les Hollandois ne poſſédoient pas eux-mêmes, tandis que d'un autre côté la nation Eſpagnole avec tout ſon or & ſon argent & les autres richeſſes de l'Amérique, peut quelquefois manquer de la ſubſiſtance néceſſaire. La nation Polonoiſe, qui poſſède un terroir fertile, riche & étendu, ne jouit que de ſon bled & des autres productions de néceſſité, & eſt privée de toute autre commodité, faute d'induſtrie nationale, par une ſuite du manque de liberté, de propriété, & d'une bonne conſtitution du Royaume. Toutes ces obſervations, que je viens d'eſquiſſer, ne peuvent pas laiſſer de doute ſur le principe général: que la baſe première, principale & eſſentielle de la proſpérité d'un État & ſa *véritable richeſſe*, conſiſte dans une *bonne agriculture* & dans l'abondance des productions territoriales, & que la baſe ſecondaire réſide dans *l'induſtrie nationale*, laquelle, en perfectionnant les productions territoriales, produit les fabriques & les manufactures & fait ainſi valoir les productions artificielles d'un État. Quand une nation a une plus grande quantité de productions territoriales & artificielles qu'elle n'en peut conſommer elle même, elle échange le *ſurplus* de ſa conſommation contre le ſurplus qu'une autre nation peut lui donner en productions qui lui sont propres, ou en argent comptant. C'est de cet échange mutuel que les nations font du surplus de leurs productions, que résulte leur *commerce* externe par terre & par mer; & la proportion, ou le plus ou le moins de productions, que chaque nation met dans cet échange, constitue la *balance du commerce.* Celle qui peut y mettre le plus, surtout en productions territoriales, a une balance *favorable,* & la nation qui a la balance contre elle, est obligée de lui payer le surplus en argent comptant. Une nation, qui a la balance favorable en productions territoriales, soit naturelles, soit artificielles, qui sont les plus nécessaires aux hommes, telles que les grains, les toiles, les draps & les laineries, le bois & autres matériaux nécessaires pour la navigation; une telle nation, dis-je, a une balance plus *assurée,* que celle qui ne l'a qu'en marchandises, en objets de luxe & de seconde nécessité, & même en argent comptant; & elle peut selon les circonstances fixer le marché en sa faveur & donner la loi dans le commerce, surtout si elle a une certaine supériorité dans la concurrence du débit. Le célèbre *Necker* avoue lui-même dans ses écrits de finances, que la France n'ayant la balance de commerce favorable, que par ses manufactures & par les productions de ses Colonies d'Amérique, qui appartiennent presque toutes au luxe, elle n'a qu'une balance précaire, & qu'elle ne lui est rien moins qu'assûrée.

La *balance du commerce* a une influence essentielle & même décidée sur *la balance du pouvoir,* surtout depuis que l'or & l'argent ont pris en quelque manière la place de la richesse réelle. Une nation, qui a une grande population proportionnée à son territoire & sagement dirigée par le gouvernement, qui joint à une bonne agriculture une industrie également bonne, & qui par une suite naturelle de ces avantages jouit d'une balance de commerce également favorable & assurée, une telle nation, dis-je, peut aspirer au titre & au rôle de puissance respectable, & elle le jouera dans la première ou la seconde classe des puissances, selon les talens du Souverain. Elle peut & elle doit même selon ses grands intérêts prendre toujours part à l'équilibre & à la *balance politique* du pouvoir, pour s'assurer une existence permanente & florissante. Cette *balance politique*, qui naît naturellement de la jalousie réciproque, juste & raisonnable des sociétés & des nations, n'est autre chose, que l'union contractée soit formellement, soit tacitement entre certains États d'une moindre puissance, pour mettre en sûreté leur existence, leur liberté & leurs possessions, en empêchant par leurs forces réunies les progrès ultérieurs & les desseins trop vastes, réels ou possibles, de telle autre puissance, qui est déjà devenue préponderante par toutes sortes de chances & d'événemens, ou qui veut le devenir encore davantage. Une telle balance, qui est fondée sur le juste désir & sur la loi de sa propre conservation, n'est ni chimérique, ni impossible, ni injuste. Elle est née, existe & dure avec les sociétés & avec les États, & un observateur judicieux la retrouvera dans l'histoire de tous les tems & de toutes les nations, comme on en peut trouver des preuves & des exemples frappans dans les essais du célèbre *Hume*, & dans les ouvrages particuliers, que les Sçavans allemands *Lehmann, Huldenberg, Schmaus, Kahle, Benzel* & autres, ont écrits sur la *balance de l'Europe*. Je donnerai ici en précis un Tableau historique de l'existence de la balance politique dans tous les siecles. Selon *Thucydide* la fameuse guerre du Péloponnése n'eut d'autre origine que la jalousie des Républiques Grecques contre celle d'Athènes. Celle-ci tacha ensuite de tenir la balance entre Sparte & Thebes. Les puissants Rois de Perse méme tàchèrent de la maintenir entre les différentes Républiques de la Grece, selon les conseils d'Alcibiade. Démosthène fit valoir dans ses harangues la nécessité de la balance contre Philippe de Macédoine, & elle fut maintenue jusqu'à ce qu'elle trouva son tombeau dans la bataille de Cheronée. Philippe & Alexandre détruisirent tout équilibre en Europe & en Asie, surtout le dernier par ses victoires & ses conquêtes aussi prodigieuses que rapides. Son vaste empire ayant été partagé entre ses Capitaines, ses successeurs les Rois de Macédoine, d'Asie & d'Egypte, se disputèrent longtems la balance du pouvoir jusqu'à ce que *Rome*, cette fameuse République, la seule conquérante contre l'exemple & la nature des Républiques, profitant de la division & de l'incapacité des Rois voisins, parvint à les écraser tous & à conquérir la Grèce, l'Asie & l'Afrique. Quelques uns d'entre eux, comme Philippe & Persée de Macédoine, Pyrrhus, Roi d'Epire, & *Hieron*, Roi de Sicile [1]), tentèrent pendant

1) C'est le seul Prince de l'antiquité, qui paroit avoir bien entendu la balance du pouvoir. Quoiqu'allié de Rome, il envoya du secours aux Carthaginois durant la guerre des auxiliaires. *Polybe*

quelque tems de maintenir la balance entre les Romains & les Carthaginois, ces deux puiſſances rivales, qui ſe ſont diſputé ſi longtems l'Empire de l'univers; mais ils le firent avec auſſi peu de ſuccès que d'habileté, & quelques uns de ces Rois d'Aſie & d'Afrique, tels que Pruſias, Attale & Maſiniſſe contribuèrent même imprudemment à faire pencher la balance du côté de Rome en s'attachant à cette puiſſance déjà prépondérante, par des vuës particulières & contre les règles de toute bonne politique, qui doit toujours éloigner les États d'une force inférieure de l'alliance d'une puiſſance prépondérante & les attacher à celle d'autres États d'une force inférieure & plus approchante de la leur. Les Romains, ces fiers conquérans, ayant à la fin ſubjugué par la ſupériorité de leur tactique les parties connues & policées des trois continents, *la balance politique* fut entièrement détruite dans l'univers, & on ne connut plus ni la choſe ni le nom pendant les quatre ſiècles, que l'Empire Romain ſubſiſta tant ſous la forme de République que ſous celle de monarchie, jusqu'au 4me ſiècle de l'ère chrétienne. Malgré cette puiſſance ſupérieure de l'Empire Romain, les vaillantes nations germaniques, que les écrivains Romains & modernes affectent de

dit lib. 1. c. 83. „ *Hiero autem animum ad eam rem advertens,* „ *toto quidem belli tempore ſtudioſe quicquid rogaverant ipſis contulerat: tum vero impenſiore etiam ſtudio in eam curam incumbebat: perſuaſus, expedire ſibi cum ad ſuum in Sicilia dominatum firmandum, tum ad Romanorum amicitiam, ſaluti Carthaginienſium eſſe conſultum: ne in poteſtate praepotentium penitus foret, quicquid libuiſſet nemine adverſante facere, prudenter omnino et ſapienter rem putans: nunquam enim ejusmodi principia contemnere oportet, neque tanta cuiquam aſtruenda eſt potentia, ut cum eo poſtea de tuo quamvis manifeſto jure diſceptare ex aequo non queas.* „

qualifier ſans raiſon, du nom de Barbares, parvinrent même ſans aucune union entre elles, mais uniquement par la ſupériorité de leur courage, à terraſſer le Coloſſe Romain & à ériger & fonder ſur ſes ruines toutes les monarchies modernes de l'Europe, ſelon le tableau que j'en ai tracé dans ma première diſſertation académique; mais chacune des nations de ces conquérans du Nord ſe contenta de ſe maintenir dans la poſſeſſion de la province Romaine qu'elle avoit occupée, ſans qu'aucune ſongeât ni à la monarchie univerſelle, ni à la balance du pouvoir. Charlemagne, Otton le grand, & les deux Frédérics, Rois & Empereurs germaniques de la famille de Suabe, penſèrent à une monarchie générale & crurent avoir rétabli le grand Empire Romain; mais ce ne fut que pour le nom. La conſtitution & la milice féodale, la profonde ignorance de la politique, l'anarchie & la continuation non interrompue des guerres inteſtines, qui réſulta de cette conſtitution, furent cauſe, que pendant cette longue ſuite de ſiècles, depuis le 4me jusqu'à la fin du 15me il y eut bien ſouvent entre les nations des conflits & des colliſions, qui donnèrent lieu à quelque balance particulière & paſſagère, mais il ne put jamais être queſtion, d'une manière permanente & réelle, ni d'une monarchie univerſelle, ni d'un équilibre général qui lui fut oppoſé. Le retour de ces deux grands ſyſtèmes fut réſervé à l'époque du 15. & du 16. ſiècle, lorsque les Princes Autrichiens parvinrent à réunir dans leur maiſon par des mariages heureux & par une politique fortement combinée, la riche ſucceſſion de Bourgogne, les Royaumes d'Eſpagne, des deux Siciles, de Hongrie & de Bohème, d'autres grandes provinces en Allemagne & en Italie, & les plus riches poſſeſſions dans les deux Indes. C'eſt alors que Charles V., Philippe II. & Ferdinand II. ſongèrent & travaillèrent ſérieuſement à former cette grande monarchie, qu'on nomme ordinairement univerſelle; ils commencèrent à vouloir aſſujettir l'Allemagne, l'Italie & les Pays-bas, comme étant les pays les plus propres pour ce but, par leur poſition politique & locale au milieu de l'Europe. Les Rois de France & d'Angleterre ſe virent alors obligés de ſoutenir la balance de l'Europe par des alliances faites de tems en tems entre eux, &, ſelon les différentes époques, avec les Princes d'Allemagne & d'Italie, la nouvelle République Batave & les Rois de Suède. C'eſt pendant cette rivalité, pendant ce choc continuel entre la puiſſance des deux Maiſons de France & d'Autriche, qui a duré plus de 200 ans, que la balance de l'Europe s'eſt manifeſtée de la manière la plus ſenſible. C'eſt de cette colliſion conſtante entre les deux ſiſtèmes, celui de la grande monarchie Autrichienne, & le ſiſtème oppoſé de l'équilibre, que vinrent ces guerres continuelles entre Charles V. & François I. entre Philippe II. d'un côté, les François, les Hollandois & les Anglois de l'autre, & enfin cette fameuſe guerre d'Allemagne, ou la guerre de trente ans, ſoutenue, d'un côté par les deux branches de la maiſon d'Autriche, & de l'autre côté par les Princes d'Allemagne, les Suédois, les François & les Hollandois. Ce fut pendant cette grande époque du 16me & du 17me ſiècle, que les Princes d'Allemagne formèrent la fameuſe ligue de *Smalcalde* en 1530. & en 1610. & 1633. les deux unions de *Hall* & de *Heilbronn*, la dernière ſous les auſpices de la Suéde; ce fut en 1609. & à l'occaſion de la ſucceſſion de Cléve que Henri IV., Roi de France, forma le fameux projet d'une République génerale de l'Europe, deſſein qui expira avec l'aſſaſſinat de ce grand Prince. Tous ces projets furent formés uniquement pour ſoutenir la balance de l'Europe & de l'Allemagne contre la trop grande puiſſance & les deſſeins vrais ou prétendus de la maiſon d'Autriche. Ce ne furent pourtant pas les deux grandes monarchies d'Autriche & de France, qui ſoutinrent les chocs les plus violents; ce furent plutôt les Princes d'une puiſſance médiocre, qui dans des criſes déciſives rétablirent par leur valeur & leur habileté perſonnelle l'équilibre trop incliné du côté de l'Autriche. Ce fut le vaillant Maurice Duc & Électeur de Saxe, qui en attaquant à propos, avec une poignée de ſes vaſſaux, le puiſſant Charles V. dans le Tyrol, lui arracha en 1552. le Traité de Paſſau, & la première paix de religion, avec la liberté de ſes deux illuſtres priſonniers, l'Électeur Jean Fréderic de Saxe & le Landgrave de Heſſe, & vengea & affermit par ce moyen la liberté de l'Allemagne presque anéantie par les mauvais ſuccès de la ligue de Smalcalde. Ce fut le grand Guſtave Adolfe, Prince auſſi fort en courage & en génie que foible en puiſſance, qui vint avec 13000 Suédois en Allemagne, & qui aſſiſté de quelques foibles Princes germaniques, parvint à triompher de la puiſſance prépondérante de Ferdinand II., à préſerver la Germanie de la Monarchie, & à ſauver cette grande République fédérative. Une mort prématurée ayant enlevé ce héros, le même rôle fut ſoutenu avec les mêmes moyens médiocres par ses grands généraux & surtout par l'illustre *Bernard de Weimar*, dont le nom brillera toujours dans les annales du monde à côté de *Herman*, de *Maurice*, de *Gustave* & de *Frédéric*, parmi les noms des héros & des conservateurs de la liberté Germanique. Ce furent encore les Princes de Nassau & d'Orange, créateurs de la République Batave, qui très foibles en force & n'étant grands que par leur valeur & leur science tactique, parvinrent à ébranler la grande monarchie Espagnole jusques dans ses fondemens. C'est par ces efforts incroyables, réunis & si longtems soutenus des Princes d'Allemagne, des couronnes de Suède & de France, ainsique des Hollandois, qu'on parvint à la fin à arracher aux deux Monarques Autrichiens la fameuse paix de Westphalie conclue en 1648. Cette paix la première qui a été négociée & conclue dans les règles d'une bonne politique, a non seulement réglé & affermi la constitution, si vacillante auparavant, du vaste Empire germanique, mais ayant été garantie par les deux couronnes *de France* & *de Suède*, elle a aussi posé la base solide de l'équilibre non seulement de l'Allemagne, mais aussi de toute l'Europe, & elle est regardée encore aujourd'hui à juste titre comme la première loi sacrée de toutes les nations Européennes, qui, même sans la réussite des projets de Henri IV. & de l'Abbé de St. Pierre, constituent une République générale du vaste continent de l'Europe, tacitement confédérée par le grand intérêt mutuel, qu'elles ont de conserver entre elles une juste balance du pouvoir. La puissance des deux branches de la maison d'Autriche ayant été extrèmement diminuée par ces longues & malheureuses guerres & par le foible caractère des Souverains, & celle de la France ayant augmenté à proportion par la politique & l'administration habile des Cardinaux de Richelieu & Mazarin & ensuite de Louis XIV, ce monarque mit sur un pied constant des armées formidables & nombreuses & fit un tel usage de sa puissance dans l'invasion des Pays-bas Espagnols, de la Hollande & du Palatinat, ainsi que par la fameuse chambre de réunion, qu'il fut assez généralement regardé comme celui qui aspiroit à la monarchie universelle en prenant la place de la maison d'Autriche. Alors on tourna contre lui le nom & les armes de l'équilibre de l'Europe. C'est de cette origine que vinrent toutes ces grandes alliances, qui furent conclues contre lui sur la fin du dernier siècle, ainsi que les guerres qui furent finies en 1679. par la paix de Nimègue & en 1697. par la paix de Ryswik. Cette paix ayant été accélérée parcequ'on prévit alors l'extinction prochaine de la branche d'Autriche Espagnole, les deux puissances maritimes, l'Angleterre & la Hollande réunies sous les auspices du Roi Guillaume Prince d'Orange, qui prirent de ce tems-là le nom & le rôle de puissances maritimes & tenant la balance de l'Europe, crurent alors devoir la conserver par le fameux Traité de partage, qui devoit empêcher, que toute la puissance de la maison d'Autriche ne fut réunie par la jonction de l'Espagne & des Indes à la ligne ainée; mais ce projet de partage ayant été anéanti par la mort du Prince de Bavière, & par le testament que Charles II. Roi d'Espagne fit en faveur du Duc d'Anjou, ces

ces mêmes puiſſances maritimes furent obligées par l'eſprit & par le ſyſtème de l'equilibre, de s'allier avec la maiſon d'Autriche & les Princes d'Allemagne contre la France, pour lui enlever la monarchie Eſpagnole, & on aſſigna celle-ci à l'Archiduc Charles ſecond fils de l'Empereur Leopold. C'eſt de là que vint cette longue & ſanglante guerre de la ſucceſſion d'Eſpagne, qui commença en 1701. & finit en 1713. par la paix d'Utrecht, dans laquelle on céda la monarchie d'Eſpagne au Duc d'Anjou, parceque l'Empereur Joſeph étant mort ſans héritiers mâles & ſon frère Charles lui ayant ſuccédé ſous le nom de Charles VI. on craignit de nouveau la jonction de la monarchie d'Eſpagne à la branche Autrichienne, & on préféra de l'abandonner à une branche puinée de la maiſon de Bourbon, ſous la condition, que les monarchies de France & d'Eſpagne ne ſeroient jamais combinées. Ainſi la ſucceſſion d'Eſpagne & toute la guerre, comme la paix qui s'en eſt ſuivie, ont été dirigées par le ſyſtème de l'équilibre d'après des règles bonnes ou fautives ſelon les différentes circonſtances du tems.

Dans l'époque, qui s'eſt écoulée depuis la paix d'Utrecht de 1713. jusqu'à la mort de l'Empereur Charles VI. l'équilibre de l'Europe n'a pas été dangereuſement altéré par des guerres paſſagères & particulières, parceque les trois monarchies d'Autriche, de France & d'Eſpagne étoient trop épuiſées par les précédentes guerres & ſe trouvoient gouvernées par des Princes pacifiques. Les deux puiſſances maritimes n'eurent occaſion d'employer dans cet intervalle le nom & le rôle de la balance de l'Europe que dans des negociations, des médiations & des traités d'alliance, tels que le traité de barrière, la quadruple alliance, celle d'Hannovre, de Wusterhausen & autres. On crut avoir suffisamment pourvû à la conservation de l'équilibre par la garantie de la Sanction pragmatique, qui devoit assûrer la succession de toute la monarchie Autrichienne à la fille de l'Empereur Charles VI. L'extinction de la ligne masculine de la maison d'Autriche arrivée en 1740. par la mort de ce Prince, donna cependant une nouvelle face à l'équilibre de l'Europe. L'Électeur de Bavière prétendit à toute la succession Autrichienne & fut soutenu par la France & l'Espagne. La fille de l'Empereur Charles VI. secondée par les deux puissances maritimes, selon le systême de la Sanction pragmatique & de l'équilibre de l'Europe, soutint la guerre depuis 1740. jusqu'en 1748. & conserva à la fin par la paix d'Aix-la-Chapelle toute la monarchie Autrichienne, excepté le Duché de Silesie, que le Roi de Prusse emporta, sur les titres légitimes d'une prétention particulière, par le Traité de Breslau conclû en 1742. & confirmé par les Traités de paix suivans de Dresde & de Hubertsbourg.

L'équilibre de l'Allemagne auroit couru grand risque d'être entièrement renversé dans la guerre qui s'éleva inopinément en 1756. si la monarchie Prussienne eût été anéantie par ses ennemis. Heureusement nôtre grand Roi soutint cette guerre pendant sept ans contre les principales puissances de l'Europe, d'une manière qui est sans exemple dans l'histoire, & l'équilibre de l'Allemagne fut rétabli par la paix que j'eus le bonheur de conclure à Hubertsbourg en 1763. dans les principes d'une paix juste, solide & honorable, comme on en étoit convenu d'avance.

Les Polonois ayant donné lieu par une guerre civile aux trois puissances voisines, de faire valoir certaines prétentions, qu'elles avoient sur quelques provinces de la Pologne, le partage de ces provinces fut fait en 1772. selon les principes d'un équilibre, dont ces trois puissances étoient convenues entre elles.

La guerre, qui s'éleva en 1776. entre la Grande-Bretagne & entre ses Colonies du Nord de l'Amérique, donna lieu à la Cour de France de se déclarer pour ces Colonies & elle les assista principalement dans le dessein d'empêcher, que la nation Angloise en subjuguant les Colonies, n'obtînt par la domination de la mer une trop grande balance dans le commerce maritime. Ce système a eu le bonheur de prévaloir par la paix conclue à Versailles, & par l'indépendance que les Colonies Américaines y obtinrent. Tout observateur de la politique moderne ne méconnoitra pas, qu'il existe à présent, ou qu'on tâche du moins d'établir & de conserver *l'équilibre du pouvoir maritime*, qui résulte de la rivalité entre la France & l'Angleterre, & qui paroit enfin être de niveau depuis que la République de Hollande s'est rangée du côté de la France. Le système de la neutralité maritime pourra y contribuer, quand il sera généralement reconnu & établi. Le Roi a eu le mérite d'avoir été le premier auteur & soutien de *la neutralité maritime*, l'ayant soutenue, comme on dit *in contradictorio*, contre l'Angleterre dans la guerre, qui finit par la paix d'Aix la Chapelle.

La maiſon Électorale de Bavière étant venue à s'éteindre en 1778. l'équilibre du pouvoir dans l'Allemagne parut être en danger par les prétentions que la Cour de Vienne fit ſur la Baſſe - Bavière. Le Roi s'y oppoſa, pour ſoutenir comme membre de l'Empire non ſeulement le droit de ſucceſſion de la maiſon Palatine ſur toute la Bavière, mais auſſi pour défendre l'équilibre du pouvoir en Allemagne. Il en réſulta une guerre, qui fut heureuſement finie par la paix concluë en 1779. à Teſchen, dans laquelle on rétablit l'équilibre de l'Allemagne en conſervant à la maiſon Palatine la ſucceſſion de la plus grande partie de la Bavière ſous la garantie de deux grandes Cours.

On conçut de nouvelles allarmes pour le ſyſtème & l'équilibre de l'Allemagne, lorsque le projet de l'échange de la Bavière contre les Pays-bas fut mis ſur le tapis au commencement de l'année 1785. Le Roi réclama avec le Duc de Deuxponts les Traités de Teſchen & de Pavie ainſi que l'équilibre de l'Allemagne, comme des titres irréfragables contre toute aliénation de la Bavière. La Cour Impériale aſſûra par des déclarations publiques, qu'elle ne ſongeroit jamais à un troc *forcé* de la Bavière & renouvella par ce moyen la confiance qu'on a toujours eue en ſa juſtice & ſa généroſité. Les principaux membres de la maiſon Palatine déclarèrent de leur côté de ne vouloir jamais ſe prêter à un échange *volontaire* de la Bavière. Par ce concours de circonſtances ſingulières & de déclarations publiques & correſpondantes, il vient d'exiſter ſans un Traité formel, un nouvel engagement ſolemnel contracté à la face de l'Europe par les principales parties intéreſſées, qui raffermit pour longtems la ſûreté & l'équilibre de l'Allemagne. Cependant les allarmes & les inquiétudes, que le ſeul nom d'une pareille idée ne pouvoit pas manquer d'exciter, donnèrent lieu à cette *aſſociation conſtitutionelle*, conclue à Berlin le 23. Juillet de l'année paſſée entre les trois Electeurs de Saxe, de Brandebourg & de Bronſvic, & qui en renouvellant les anciennes liaiſons des illuſtres maiſons contractantes n'eſt que défenſive, & n'a pour unique but que la conſervation du ſyſtème conſtitutionel de l'Empire Germanique, ainſique les poſſeſſions & les droits de tous ſes membres. Le Roi ayant fait connoitre cette aſſociation par des déclarations publiques aux Cours de l'Europe & de l'Empire, la plupart des Cours étrangères y ont applaudi, & un grand nombre des Princes les plus conſidérables d'Allemagne ſe ſont empreſſés d'accéder à cette aſſociation. Nous avons la ſatisfaction de compter dans ce nombre le premier Electeur & Archichancelier de l'Empire, auſſi diſtingué par ſes lumières, que par ſon patriotiſme, & un autre digne Prince, qui en honorant notre Capitale, & même aujourd'hui notre Académie par ſa préſence, nous fait connoitre un Souverain, qui par les principes de ſon Gouvernement & par ſa conduite civile & politique ſe montre déjà comme un véritable héritier du ſang des illuſtres maiſons de Saxe, des Guelfes & de Zollern, dont il deſcend, & comme le digne ſucceſſeur de ſes grands ancêtres d'un *Jean Conſtant*, d'un *Jean Fréderic* auſſi magnanime que malheureux, & qui dans l'occaſion ne manquera pas de ſoutenir le nom du grand *Bernard de Weimar*. Un autre objet d'une ſatisfaction auſſi agréable que raſſûrante pour toute l'Allemagne doit être, de voir que cette aſſociation a réuni pour le même but les plus illuſtres & plus anciennes maiſons de l' Europe & de l'Allemagne, celles de Brandebourg, de Saxe, de Bronſvic, de Bavière, de Heſſe, & d'autres, & qu'elle retrace la mémoire de ces anciennes confraternités, qui uniſſoient autrefois les Princes d'Allemagne par des liaiſons & des entrevues perſonnelles. Une union auſſi rare pour le goût du ſiècle préſent, ne peut être que l'effet de la confiance abſolue & perſonnelle, que notre grand Roi & Son digne ſucceſſeur préſomtif ont inſpirée à tous ces illuſtres princes par la juſtice, la nobleſſe, le déſintéreſſement, la ſûreté & la ſolidité de leurs principes & de leur ſyſtème politique ſoutenu en tant d'occaſions critiques. On peut même ſe flatter avec quelque fondement, que cette aſſociation méconnue & ſuſpectée dans les commencemens, pourra avec le tems devenir une nouvelle baſe du bonheur & de la ſûreté de l'Allemagne, & qu'elle pourra ſervir à renforcer les anciens liens relachés par la durée du tems, à rétablir la concorde & la confiance patriotique entre le grand & auguſte Chef de l'Empire & ſes membres, & à renouveller l'idée de l'ancien équilibre de puiſſance, qui eſt abſolument néceſſaire dans une monarchie féderative comme celle de l'Empire germanique, & ſans lequel les loix & les conventions de ce même Empire ne peuvent pas longtems conſerver leur force, mais la perdroient tôt ou tard. L'année paſſée ſera donc à jamais mémorable dans les faſtes de l'Europe, de l'Allemagne & de la Pruſſe, &

non ſeulement nous autres Pruſſiens nous devons en reſſentir la joye la plus pure, mais toutes les nations de l'Europe, qui ſont capables de ſentiment, reconnoitront avec nous, que le Roi vient de rendre le ſervice le plus eſſentiel à l'humanité, à l'Europe entière, & ſurtout à notre patrie germanique, en lui aſſûrant ſon répos général, ſon équilibre & ſa ſureté, & en diſſipant des allarmes, des erreurs & des méſentendus, ſans guerre & ſans effuſion de ſang, uniquement par les armes pacifiques de la repréſentation & de l'explication, par la prévoyance, la ſageſſe, la fermeté, & par la conſommation d'un grand ouvrage, qui, plus que ſes nombreuſes victoires, immortaliſera ſa mémoire, la rendra précieuſe à la poſtérité, & lui aſſûrera une couronne de lauriers civique & impériſſable. Cette gloire doit recevoir un nouveau relief d'autant plus grand, ſi l'on conſidère, que le Roi a lui-même imaginé, pouſſé & conſommé ce grand ouvrage; qu'il a entrepris le rôle dangereux qui en réſulte, dans la 74ème année de ſon âge avec une ſanté affoiblie par un règne auſſi long & auſſi actif que le ſien; que dans la même année il a influé d'une manière non moins active dans les autres affaires générales de l'Europe, & ſurtout dans celles de la Hollande très épineuſes en elles-mêmes, en faiſant toutes les démarches poſſibles pour rétablir l'union, la confiance & la paix intérieure dans cette République voiſine & amie; qu'il a fait avec la ville de Danzig une transaction plus que généreuſe, & l'a ſoutenue avec ſa fermeté & ſa modération ordinaire contre les tracaſſeries de cette ville inquiètte; qu'il a auſſi fini une nouvelle conteſtation de limites avec la République de Pologne d'une manière ſatisfaiſante pour toutes les parties. Au milieu de toutes ces grandes occupations, il n'a pas laiſſé de faire, aux mois de Mai, de Juin & d'Août, les revues ordinaires de ſon armée & ſes voyages militaires & économiques dans la plupart de ſes provinces, en donnant à cette occaſion les ſpectacles les plus brillants, les plus agréables & les plus inſtructifs à la première nobleſſe militaire des différentes nations de l'Europe, qui y eſt accourue en foule, & dans lesquels on a vû enſemble les plus illuſtres guerriers, qui ont combattu dans les dernières années de part & d'autre ſur le continent & dans les mers d'Amériquè.

Ces belles ſcènes militaires & les occupations importantes de la grande politique, dont j'ai fait mention, n'ont pas interrompu pour un moment l'attention journalière, que le Roi n'a ceſſé de donner dans la dernière année comme dans les précédentes à l'adminiſtration interieure de ſes États pour les parties du militaire, des finances, de la police & de la juſtice. L'endroit & les circonſtances ne permettent pas d'en rendre ici un compte détaillé, quoique je pourrois en donner un fort intéreſſant; mais on pourra s'en faire une idée générale par le *tableau des ſommes que le Roi a extraordinairement employées & gratuitement déburſées* pendant le cours de l'année paſſée pour le bien de l'État & de ſes ſujets, lequel j'ajoute à la fin de cette diſſertation, comme je l'ai pratiqué dans celles de l'année précedente. On verra par ce tableau, que le Roi a continué à faire bâtir à ſes fraix un grand nombre de batimens publics & particuliers à Berlin & à Potsdam, à faire rebâtir des villes incendiées & des églises nouvelles ou delabrées, ainsi qu'un grand nombre d'habitations pour des journaliers à la campagne; qu'il a continué à mettre de grandes sommes à la construction des forteresses & des casernes militaires; à établir de nouvelles fabriques & à soutenir les anciennes; à donner des sommes considérables aux gentilshommes & à d'autres possesseurs de terres pour avancer la culture & l'amélioration de leurs possessions; qu'il a continué à faire défricher des landes & à dessecher des marais, & que surtout il a fait les plus grands efforts & a employé plus d'un million d'écus pour réparer les dégats & les malheurs causés par les inondations extraordinaires des rivières au printemps, en faisant rétablir sans délai les digues rompues & en fournissant gratuitement aux malheureux habitans les grains pour la semence, pour leur nourriture & les autres besoins qui leur manquoient. On verra par le résumé de ce tableau, que le Roi a employé & versé ainsi pendant le cours de l'année 1785. en bienfaits extraordinaires & gratuits dans ses États & sur ses sujets des sommes très considérables, qui montent à 2,901,000 écus, & qui rempliroient non seulement, mais excéderoient même les *trois millions*, si j'avois le tems de ramasser plusieurs articles, qui existent, mais qui ne me sont pas encore assez connus.

L'Académie se rappellera, d'après de la lecture de mes dissertations précedentes, que le Roi a répandu depuis la paix de Hubertsbourg conclue en 1763. ainsi depuis 22 ans, chaque année à peu près deux millions d'écus en gratifications & bienfaits extraordinaires dans ses États, desorte que la somme totale monte depuis ce tems là à plus de 40 millions d'écus. Je ne renouvellerai pas ici les réflexions & les inductions instructives, que j'ai tirées de ce phénomène politique dans mes dissertations précédentes, surtout dans celle de l'année 1784. pour faire sentir, qu'une puissance, qui après avoir soutenu quatre guerres sanglantes & destructives, dont celle de sept ans fut plus que *Punique,* peut continuer à entretenir sans aucun subside étranger & uniquement de ses propres forces une armée de 200,000 combattans & 15 grandes forteresses; qui sans avoir aucune dette, a plutôt un trésor considérable; qui paye exactement sa Cour & son État militaire & civil; qui ne foule point ses sujets, se contentant des anciennes taxes & contributions, mais n'en connoissant aussi aucun arrérage, peut leur faire tous les ans un don de deux millions d'écus tirés du surplus des revenus de l'État; qu'une telle puissance, dis-je, ne doit être ni éphémère, ni dans un état précaire, mais qu'elle doit plutôt avoir la base la plus solide, qui lui assûre la durée la plus permanente. Les étrangers auront de la peine à regarder une telle puissance de la monarchie Prussienne comme possible, s'ils ne la connoissent que de loin, & ne la jugent que d'après les cartes de sa médiocre étendue, ainsi que selon le sol sabloneux des environs de la Capitale & d'après d'anciens préjugés d'un nouvel État factice. Mais je crois pouvoir les convaincre du contraire, ainsi que de la vérité & de la possibilité de ce que je viens d'avancer, en faisant ici une application concentrée des principes généraux que j'ai établis au commencement de cette dissertation, pour constater qu'un Etat & sa puissance eſt durable, quand il a une *population nombreuſe,* proportionnée au territoire, une *bonne agriculture,* une *grande induſtrie nationale,* & une *balance de commerce favorable* & *aſſurée.* Je me flatte de pouvoir approprier toutes ces qualités à la monarchie Pruſſienne, & je vais vérifier cette aſſertion par un précis de preuves & de faits connus ou aiſés à conſtater.

1) J'ai prouvé dans la diſſertation, que j'ai lue ici au même jour de l'année paſſée, que la monarchie Pruſſienne a une *population* de 6 millions d'hommes ſur un terrain de 3600 milles quarrés, ce qui fait 1667 têtes ſur un mille quarré. C'eſt une population aſſez grande pour un pays médiocrement fertile; elle n'eſt ſurpaſſée que par celle de la France, de la Hollande, de l'Angleterre & de la monarchie Autrichienne, & elle ſurpaſſe en effet celle de tous les autres grands États Européens, & même quelques provinces Pruſſiennes, comme celles de Halberſtadt, Minden &c. ſurpaſſent la population de la France comparée en total. La population de la monarchie Pruſſienne augmente d'ailleurs tous les ans dans une progreſſion plus grande que celle de tous les autres États connus, nommément la France, comme je l'ai prouvé dans la diſſertation de l'année précédente pag. 24. J'y ai démontré auſſi, que la population Pruſſienne a preſque triplé pendant les 45 ans du règne du Roi. Toute la monarchie a eu

	naiſſances.	*morts.*	*Surplus des naiſſances.*
en 1784.	211,113.	152,040.	59,162.
en 1785.	210,037.	157,606.	53,126.

Le ſurplus des naiſſances de l'année 1785. a été inférieur à celui de l'année 1784. parceque l'année 1785. a eu, à cauſe de la ſaiſon, plus de maladies & de mortalité, mais le ſurplus des naiſſances eſt encore aſſez grand, pour prouver une progreſſion de la population bonne, & toujours ſupérieure à celle des autres pays. Comme la monarchie Pruſſienne contient aſſez d'emplacement, pour pouvoir encore beaucoup augmenter la population, on peut ſe flatter, qu'elle le fera auſſi beaucoup ſous le règne préſent & futur, en ſuivant les mêmes principes, qui ont été ſi heureuſement obſervés jusqu'ici, & que j'ai détaillés dans ma diſſertation précédente p. 10. 12. 14 &c.

2. Il eſt vrai, que le ſol d'une grande partie des Marches, de la Poméranie, de la Pruſſe occidentale & même de la Siléſie eſt ſabloneux & peu fertile, mais ces mêmes provinces ne laiſſent pas d'avoir d'autres cantons très fertiles jusqu'à la moitié de leur étendue, & ceux, qui le ſont moins, nourriſſent pourtant leurs habitans, & ſont aſſez bien cultivés, pour produire le cinquième grain dans la totalité. Toutes nos provinces produiſent aſſez de bled pour ſe nourrir elles mêmes; d'autres, comme celles de Magdebourg, de Halberſtadt, de Pruſſe & de la Vieille Marche ont même aſſez de ſurplus pour en exporter au dehors. *L'agriculture* Pruſſienne, en la prenant en général, doit être bonne & ſuffiſante non ſeulement pour la population préſente, mais auſſi pour l'exportation, puisque depuis l'an 1740. nous n'avons eu aucun manque de grains, & que nous n'avons pas eu beſoin d'en acheter au dehors, même dans l'année calamiteuſe de 1772. où une famine générale a fait

tant de ravages, jusques dans les pays les plus fertiles, comme la Saxe & le Palatinat, & où les États Prussiens ont pû subvenir aux besoins de leurs voisins. Dans les années d'une fertilité commune toute la monarchie Prussienne peut bien exporter pour 2 millions d'écus en grains, & dans les années steriles le Roi peut toujours subvenir, & subvient aussi toujours sans difficulté aux besoins de ses sujets, en leur ouvrant ses grands magasins militaires, & en leur donnant le grain nécessaire en présent, ou pour un prix médiocre. D'ailleurs la monarchie Prussienne ne peut jamais manquer de blé, parcequ'elle a derrière elle les pays fertiles de la Pologne, de la Bohème & de la Saxe, qui ne peuvent rien exporter par mer que par les Etats Prussiens, où ils trouvent au moyen de la navigation de l'Elbe, de l'Oder & de la Vistule une exportation aisée & lucrative. On pousse aussi l'agriculture dans les États Prussiens avec tant d'industrie & de zèle, tant de la part des habitans que du Souverain, qu'elle augmente d'année en année, de sorte qu'elle ne manquera jamais à la monarchie Prussienne, qu'elle sera toujours suffisante à ses habitans, & leur fera même la plupart du tems l'objet d'un commerce considérable. Les villes de Koenigsberg, de Memel, d'Elbing, de Danzig & de Stettin exportent dans une année commune plus d'un million de boisseaux de grains de toute espèce.

3) Comme *l'industrie nationale* fait la seconde base de la félicité & de la puissance d'un État, je tacherai de prouver ici en précis, que la monarchie Prussienne en jouit dans un degré éminent, & peut-être immédiatement après la France, l'Angleterre & la

Hollande, ces puiſſances qui depuis deux ſiècles ont eu le monopole presque excluſif des manufactures, du commerce, & de la navigation, pendant que les Pruſſiens n'y ont pris quelque part que depuis la fin du dernier ſiècle & le commencement du préſent. Ce n'eſt pas ici l'endroit de faire un tableau exact & général des fabrications & des manufactures Pruſſiennes ; je me bornerai à en donner une idée générale & quelques échantillons particuliers. Nous avons presque toutes les fabriques & manufactures imaginables, tant pour les objets de première néceſſité que pour les commodités de la vie & du luxe. Les unes ont atteint un grand degré de perfection comme celles de draps, de toiles, de porcelaine & d'autres : la plupart ſont médiocres, & parviendront peu à-peu à la perfection, ſi l'on continue à leur donner l'attention, les ſecours & les ſoutiens, que le gouvernement Pruſſien leur a véritablement prodigués jusqu'ici, & ſurtout quand on y ajoutera les motifs & les moyens de *l'émulation* abſolument néceſſaire pour la perfection des fabriques & des manufactures. Nos fabriques en pourvoyent excluſivement tous les Etats Pruſſiens, & avec une concurrence aſſez heureuſe ſurtout pour les draps, les laineries & les toiles, la Pologne, la Ruſſie, l'Allemagne, l'Italie, & ſurtout l'Eſpagne & l'Amérique. Pour en donner une conviction plus forte & plus claire, j'ajouterai ici un tableau abrégé des principales fabriques & manufactures, qui exiſtent dans la monarchie Pruſſienne, de leur produit & du nombre des métiers & des perſonnes qui y ſont employées.

Les États Prussiens ont eu dans le cours de l'année 1785. [1])

	Métiers.	*Fabriquants.*	*Produit des fabriques en Rixdaler.*
en toiles	51,000	80,000	9,000,000
en draps & laineries	18,000	58,000	8,000,000
en soye	4,200	6,000	3,000,000
en cottonnade	2,600	7,000	1,200,000
en cuir		4,000	2,000,000
en fer, acier, cuivre &c.		3,000	2,000,000
en tabac	140,000 quintaux du crû du pais.	2,000	1,000,000
Sucre		1,000	2,000,000
Porcellaine & fayence		700	200,000
Papier		800	200,000
Suif & savon		300	400,000
Verre, miroirs			200,000
Manufactures d'or, d'argent, de dentelles, broderies &c.		1,000	400,000
Garance de Silésie			300,000
Huile		600	300,000
Ambre jaune		600	50,000
		165,000	30,250,000

Je n'ai mis ici en ligne de compte que nos principales fabriques; je mets de côté un nombre d'autres moin-

1) Il n'y a rien d'exageré dans ce tableau, qui a été fait d'après des recherches fort exactes, que je puis prouver; il pourroit plutôt être augmenté en plusieurs articles, parceque les marchands & les fabriquans sont plutôt portés à annoncer une diminution qu'une hausse de leur débit. Je n'ai annoncé dans la Dissertation de l'année passée nos fabrications, que pour 16 millions, mais je n'avois pas alors un Tableau aussi général & exact qu'à présent,

dres fabriques, qui sont encore un objet de plusieurs millions.[1]) Selon ce tableau général des fabrications, qui ont été faites dans tous les Etats Prussiens pendant le cours de l'année passée, le produit général en monte à 30 millions d'écus, dont il y a 11 millions pour la Silesie & 9 millions pour l'Electorat de Brandenbourg seul parceque le siège principal de nos fabriques est dans la Capitale & dans les autres villes de ce pays. La Silésie a la principale part aux fabriques de toiles, qui ont roulé l'année passée sur 7 millions d'écus, & dont la médiocre ville de Hirschberg seule a exporté pour 2,400,000 écus. Le debit étranger de toutes nos fabrications a été de 14 millions; les autres fabrications pour 16 millions sont restees dans le pays. On n'a pas compris dans ce calcul de nos fabrications de 30 millions ni les grains, ni le bois, ni le sel, ni le chanvre & les fabrications qui se font surtout en Poméranie & en Prusse pour la navigation, la construction des vaisseaux & autres articles considérables. Je n'ai aussi pas voulu faire entrer ici en ligne de compte toutes les productions du règne minéral, qui selon un tableau raisonné aussi lumineux que curieux, que notre habile & digne Chef du Département des mines a fait imprimer, peuvent être évalués à un produit de plusieurs millions, sans que nous ayons aucune mine d'or ni d'argent. Comme nous exportons tous les ans du moins pour un million en grains, pour un million de bois, surtout en bois de con-

1) Telles sont les fabriques de blanchisseries de cire, d'amidon, d'alun, de vinaigre, de pipes à Tabac, de montres, d'armes, d'hautelisses, de fleurs & de plumes, de gands, d'imprimeries, de carosses, de potasse &c.

conſtruction navale, celui des États Pruſſiens entre le Weſer & la Viſtule, paſſant pour le meilleur dans toute l'Europe; comme nous gagnons encore beaucoup ſur le tranſit très conſidérable des marchandiſes étrangères, ſur la navigation de la Baltique & de la mer du Nord, ſur la conſtruction des vaiſſeaux en Pruſſe & en Poméranie, ſur la pêche de harangs établie à Emden, & ſur le cabotage conſidérable, que les navigateurs Emdois font dans tous les ports de l'Europe depuis la Baltique jusqu'au détroit de Gibraltar; comme les habitans de nos provinces maritimes, la Pruſſe, la Poméranie & l'Oſtfriſe, les habitans des villes de Stettin, de Colberg, de Stolpe, d'Elbing, de Koenigsberg, de Memel & d'Emden, font un commerce actif très conſidérable & exercent une navigation très nombreuſe, au point que 1300 vaiſſeaux Pruſſiens paſſent tous les ans par le Sund, & que nous occupons la 5me claſſe dans le nombre des nations, qui naviguent dans la Baltique; on peut ſuppoſer ſans exaggération, & il ne ſeroit pas difficile de prouver en tems & lieu, que tout le capital des productions naturelles & artificielles ou le produit du travail de la monarchie Pruſſienne, monte par an à 40 millions d'écus, & que la moitié ou 20 millions, en va dans l'étranger. Il eſt encore intéreſſant d'obſerver que les États Pruſſiens produiſent la plus grande partie des matériaux, dont nous avons beſoin pour les fabrications, comme le lin, la laine, le cuir, la ſoye, le fer, le cuivre, le tabac, la garance, l'ambre, le bois, les grains, & nous en tirons encore une grande quantité & à bon marché de la Pologne voiſine. Nous n'avons beſoin d'acheter des nations étrangères, que le vin, le caffé, la matière du sucre, les épiceries, de l'huile, la laine fine, le Cotton, une partie de la soye & d'autres objets de luxe, dont le montant total est fort éloigné de notre exportation de 20 millions, de sorte que notre exportation passe de beaucoup l'importation étrangère.

Je pourrois encore ajouter quant à la navigation, que les négocians de la ville d'Emden se sont appropriés un cabotage très étendu dans la dernière guerre maritime, & que depuis ce tems-là ils ont envoyé plusieurs vaisseaux chargés en partie de fabrications Prussiennes en Asie, à Batavia, au Bengale, à la Chine & aussi dans l'Amérique septentrionale. Ils se trouvent très bien du commerce d'Asie, mais moins de celui d'Amérique. Je ne dis rien ici de la marine du Brandebourg & de la compagnie de Guinée, que le grand Électeur Fréderic Guillaume a établie à Emden; on peut en trouver une histoire assez intéressante dans ma seconde dissertation académique. Je passe aussi sous silence les soins que le Roi s'est donnés pour établir à Emden une Compagnie de la Chine & une autre de Bengale, qui ont toutes les deux échoué par l'inconduite des entrepreneurs; mais tout observateur intelligent jugera aisément, que le port d'*Emden* peut être rendu un des meilleurs de l'Europe, & que par sa position au centre de ce continent entre les mers Baltique, Germanique & Atlantique, il pourroit devenir un entrepôt général de la navigation & du commerce entre les pays du Nord & du Sud; mais ce sont de ces spéculations éloignées, que le sort de la monarchie Prussienne a reservées aux tems futurs, à l'attention, à l'habileté & à l'industrie des souverains & des habitans de la Prusse, qui vivront alors. Je finirai plutôt par placer ici une autre obſervation plus importante pour tout bon citoyen Pruſſien, & dont la juſteſſe n'échappera pas à l'attention & à la conviction d'un obſervateur Coſmopolite. La monarchie Pruſſienne eſt un des pays de l'Europe, ou du moins du Nord, qui eſt le plus avantageuſement ſitué pour le commerce & la navigation. Elle a une côte maritime de 80 milles d'Allemagne en Poméranie & en Pruſſe le long de la mer Baltique. Le Souverain de la Pruſſe eſt maître des embouchures des trois grandes rivières, qui ſe jettent dans la Baltique, ſavoir de l'Oder, de la Viſtule, du Pregel & du Memel, outre un grand nombre d'autres plus petites rivières navigables ou flottables. Il poſſède le long de cette côte maritime les ports de Stettin, de Colberg, de Danzig, de Pillau & de Memel, qui ſont tous, ou qui peuvent aiſément être rendus très bons pour une marine commerçante & militaire, outre un nombre d'autres petits ports comme ceux de Camin, de Treptow, de Rügenwalde, de Stolpe. La grande rivière de *l'Oder* traverſe en long les principales provinces Pruſſiennes, la Poméranie, la Marche & la Siléſie dans une étendue de 80 milles d'Allemagne depuis la Baltique jusqu'en Moravie. Cette grande rivière eſt combinée par la Havel & la Sprée & par de bons canaux avec *l'Elbe* & de l'autre côté avec la *Viſtule* par la Warthe, la Netze, la Braa & le canal de la Netze. Par ce moyen le corps des États Pruſſiens ſitué entre l'Elbe & la Viſtule eſt tellement combiné pour la navigation, qu'il peut exporter par l'Oder, par la Viſtule, par le Pregel & par le Memel dans la Baltique non ſeulement toutes les productions des États Prussiens, mais aussi celles de la Pologne & de la Lithuanie, qui font un objet peut-être de 10 ou 12 millions d'écus par an. Il peut également exporter par l'Elbe & par les villes de Magdebourg & de Hambourg les principales productions de la Saxe & de la Bohème. Ces pays très fertiles en eux-mêmes, ne peuvent faire aucun commerce maritime & aucune exportation de mer, que par la monarchie Prussienne. Ils peuvent le faire avec un grand avantage pour eux-mêmes & pour la Prusse, & le Souverain de la Prusse peut tirer de cette situation le plus grand parti, pour approprier à son Etat les principales branches du commerce du Nord, en favorisant celui des voisins, & surtout le commerce de la Pologne, sur lequel il y a le plus à gagner, parcequ'il consiste presque tout en matières brutes & en objets de première nécessité, tels que les grains, le bois & les toiles grossières, dont les nations du Sud ne peuvent pas se passer. Je ne dirai rien ici des grandes rivières du Weser, du Rhin & de l'Ems, que le Roi ne possède qu'en partie, dont il tire un grand profit pour ses revenus, mais qui n'appartiennent pas au corps de la monarchie Prussienne parcequ'ils passent par des pays, qui sont détachés de ce corps, & n'influent pas immédiatement sur le grand commerce de la monarchie Prussienne, si ce n'est par la communication que la rivière d'Ems & le port d'Emden peuvent entretenir avec la Baltique.

4) Je crois, que ce que je viens d'exposer, suffit pour prouver que la monarchie Prussienne a non seulement déjà une bonne agriculture, une grande industrie nationale, un commerce de terre & de mer avantageux

& une navigation étendue, mais qu'elle peut aussi pousser tous ces objets beaucoup plus loin & à un degré de perfection plus grand. Si l'on veut se donner la peine de récapituler & d'examiner les tableaux, les calculs & les données que je n'ai fait qu'indiquer, on comprendra sans peine, que la monarchie Prussienne doit avoir une *balance du commerce* non seulement *favorable*, mais aussi *assûrée*, parceque toutes ses productions naturelles & artificielles, ainsi que son exportation sont presque toutes des objets de première nécessité, & dont les nations du Sud ne peuvent pas se passer, comme les grains, les bois, les toileries & les laineries. Il ne convient pas & il ne seroit pas même facile de déterminer au juste le produit net de la balance du commerce Prussien; mais on peut juger aisément, qu'elle doit exister d'une manière aussi avantageuse que décidée, quand on considère, que le Roi a soutenu quatre guerres longues & couteuses, qui avoient presque abimé son pays, qu'il l'a rétabli sur un pied plus florissant qu'avant ces guerres, & qu'il a pû deux fois amasser le trésor le plus considérable que jamais aucun Souverain ait possédé, sans que le numeraire & sa circulation ayent diminué dans le pays, mais l'argent y abonde plutôt, puisque les intérêts sont tombés de 6 & 5 à 4 pour cent, & que le prix des terres a haussé extraordinairement.

S'il est donc vrai, s'il est prouvé par les observations précédentes, que la monarchie Prussienne a une population assez grande proportionnellement à son territoire; qu'elle a une bonne agriculture & une grande industrie; qu'elle a une balance de commerce favorable & assurée; si elle est habitée par une nation industrieuse & guerrière, qui se distingue par un grand caractère national & chez qui l'on ne voit que des fortunes médiocres, mais mieux distribuées pour le bien de l'État que dans la plupart des autres Royaumes; si elle est défendue par une armée grande & nationale, supérieurement disciplinée, tacticienne & qui a la réputation d'être la première de l'Europe; si elle est gouvernée par un Roi philosophe, qui depuis 46 ans est le modèle des Souverains; si elle a les mêmes espérances de la part du Successeur au thrône, cette monarchie peut sans vanité briller dans la classe des premières, & peut prendre une part décidée à la conservation de l'équilibre de l'Allemagne & de l'Europe. Elle doit le faire en toute occasion selon les règles & les principes d'une politique, grande, sage, juste & généreuse, toujours préférable aux appas trompeurs d'une politique *ambitieuse & intéressée, mais séductrice & fausse dans le fonds.* Elle peut le faire d'une manière avantageuse & décisive avec les grands avantages de sa population, de son commerce, de son gouvernement civil & militaire & surtout par sa position locale entre les trois grandes puissances continentiales de l'Europe, aux extrémités du grand Empire Germanique, lequel par sa situation & par la forme féderative de son gouvernement est véritablement créé & placé par la nature & par la providence au centre de l'Europe, pour séparer les grandes nations rivales, pour empêcher leurs chocs immédiats & le bouleversement de l'équilibre général de l'Europe. Tout observateur intelligent & impartial ne doutera plus, après tout ce que je viens d'exposer, qu'il n'existe un équilibre particulier en Allemagne, qui fixe en même tems celui du Sud & du Nord; qu'une puissance médiocre, mais qui a pour elle les

Dans la Prusse Orientale.

31) *Secours* accordés à la bâtisse des *églises* Luthériennes, Réformées & Catholiques, à *Koenigsberg, Goldapp, Memel* &c. -	5,200 -
32) Pour bâtir des *maisons d'exercices* pour les régimens - - -	3,000 -
33) Pour des *fortifications* -	25,000 -
34) Pour une *fabrique de Maroquin* à *Koenigsberg* - - - -	3,000 -
35) Pour une *fabrique de fayance d'Angleterre* dans la *même ville* - -	4,000 -
36) Pour une *fabrique de cuir* -	1,000 -
37) Pour une *fabrique de ruban & de sacs*	600 -
38) Pour une *fabrique de Coton* à *Gumbinnen* - - - -	1,000 -
39) Pour une *teinturerie de laine* à *Darkehnen* - - - -	2,600 -
	45,400 -

Dans la Prusse Occidentale.

40) Pour continuer à construire la *forteresse de Graudenz* - - -	400,000 -
41) Pour des *améliorations dans les baillages* - - - - -	100,000 -
42) Pour *rétablir des villes* tombées en ruine - - - -	30,000 -
Latus	530,000 -

	Tranſport	530,000 -
43) Pour établir des *Colons Suabes*	-	40,000 -
44) Pour *réparer les dommages cauſés par des tempêtes* aux gens de la campagne	-	6,000 -
45) Pour une *teinturerie de grand teint* à *Bromberg* - - - -	-	2,600 -
46) Pour une *fabrique de drap fin* à Culm	-	7,200 -
47) Pour une *maiſon de Curé* à *Tuchel*	-	800 -
48) Pour une *maiſon d'exercice* à *Elbing*		1,200 -
		587,800 -

Dans les Provinces de Weſtphalie.

49) Pour rebâtir la *ville de Cappeln* dans le pays de Lingen	- - -	3,000 -
50) *Secours* accordés *à la Province de Minden*	- - -	7,800 -
51) Pour bâtir *l'égliſe de Sprockhöfel*	-	1,000 -
		11,800 -

En Siléſie.

52) Pour bâtir de nouvelles *demeures de journaliers* à la campagne	- -	22,000 -
53) Pour bâtir des *maiſons maſſives dans les villes*	- - -	17,700 -
54) Pour couvrir les *toits de tuiles dans pluſieurs villes* au lieu du bois	- -	44,000 -
55) Pour bâtir *des égliſes, des maiſons d'ecole* & *des hôpitaux*	- - -	35,500 -
	Latus	119,200 -

Transport	119,200 -
56) Pour une *caserne* - - -	10,000 -
57) Pour divers *ponts* & *chemins* -	3,800 -
58) *Prix* pour des *fabriquants*, & pour encourager & soutenir les *tisserants* -	17,000 -
	150,000 -

Indépendamment de ces Sommes employées extraordinairement à l'amélioration des diverses Provinces du Roi, lesquelles montent à - - - - 1,901,756 -

Sa Majesté a encore accordé pour la reparation des grands dommages causés au printems 1785 par le débordement des rivières & les inondations dans la Marche, en Silésie & en Poméranie, pour aider les personnes qui ont souffert de ces accidens & pour retablir les digues, la Somme de - 1,000,000 -

en sorte, que toutes les Sommes que le Roi a extraordinairement & gratuitement accordées dans l'année 17$\frac{85}{86}$ à toutes les Provinces de la Monarchie Prussienne, montent ensemble à - - - 2,901,756 -

www.ingramcontent.com/pod-product-compliance
Ingram Content Group UK Ltd.
Pitfield, Milton Keynes, MK11 3LW, UK
UKHW021958260726
13994UKWH00004B/1829